Michael Heinen-Anders
3906 – eine Zeitreise?

Herstellung und Verlag: BoD – Books on Demand, Norderstedt

ISBN **9783758309908**

Inhaltsverzeichnis

3906 – eine Zeitreise?

Ist das Dokument wahr oder eine Fäl-
schung?

Autobiographische Notiz

3906 – eine Zeitreise?

Paul Amadeus Dienach erkrankte etwa 1921 an der „Europäischen Schlafkrankheit".

„Die Krankheit trat etwa zwischen 1915 und 1927 in Europa auf und wurde auch nach Constantin von Economo benannt, der die Encephalitis lethargica epidemica 1916/1917 erstmals beschrieb.

Die Betroffenen fielen während der Einnahmen von Mahlzeiten oder während der Arbeit in Schlaf. Es folgten am nächsten Tag häufig Kopfschmerzen, Übelkeit und Fieber. Die Betroffenen schliefen häufig in völlig unbequemen Körperhaltungen ein. Sie waren aufweckbar, aber in den schlimmeren Fällen folgte ein schneller Tod. Etwa ein Drittel der Befallenen starb an der Erkrankung. Lähmungen der Augenmuskulatur, insbesondere Dysfunktion des Nervus oculomotorius und Augenlidlähmung waren häufig; so beschrieb es Economo, der ähnliche Fallbeschreibungen aus vorangegangenen Jahrhunderten in Europa recherchierte.

Der führende Spezialist in Deutschland war der Neurologe Felix Stern, der in Kiel als Assistenzarzt erste Fälle untersuchte und bereits im März 1920 darüber einen Artikel veröffentlichte. Am Göttinger Universitätsklinikum baute er in den 1920er Jahren Deutschlands erste Spezialstation für Patienten mit Encephalitis lethargica federführend auf. Dort erforschte und behandelte er Hunderte von Patienten in allen Stadien der Krankheit und beschrieb deren Verlaufsmuster bis hin zum Endstadium, das bei vielen Patienten zu fast völliger Bewegungslosigkeit führte. Stern fand seinerzeit nur geringe makroskopische Entzündungsherde, aber keine auffälligen Gemeinsamkeiten bei der Obduktion der Gehirne der Betroffenen. Seine Arbeiten machten ihn über die Grenzen Deutschlands hinweg bekannt und mündeten in sein Buch *Die Epidemische Encephalitis* (1922), das schnell zum Standardwerk wurde.

Zwischen 1917 und 1927 gab es eine besondere Häufung von Encephalitis lethargica-Fällen. Schätzungen gehen weltweit von 500.000 bis einer Million Erkrankungen aus; Stern schätzte die Zahl der in Deutschland betroffenen Personen auf 60.000. Danach kam es zu keinem epidemieartigen Auftreten mehr, Neuerkrankungen wurden nur in Einzelfällen bis in die 1940er Jahre beschrieben. Aufgrund des nahezu gleichzeitigen Auftretens der Encephalitis lethargica mit der Spanischen Grippe vermutete zuerst Stern, der diese These später widerrief, und später Ravenholt und Foege 1982, dass diese beiden Krankheiten miteinander verbunden seien."[1] Nicht unzufällig ähneln einige der damaligen Symptome auch den heutigen Post-Covid- und Post-vac-Erkrankungen.

---

[1]

https://de.wikipedia.org/wiki/Europ%C3%A4ische_Schlafkrankheit

(Paul Amadeus Dienach)

Das Jahr **3906** ist das Jahr, in das der Schweizer Paul Amadeus Dienach während eines entsprechenden Komas gereist sein soll. Er sprach zu Lebzeiten nie über seine Erlebnisse, aus Angst, sonst für verrückt gehalten zu werden, aber er hinterließ detaillierte tagebuchähnliche Aufzeichnungen seiner Erlebnisse, die er in einem auf deutsch geschriebenen Tagebuch, aus gesundheitlichen Gründen mittlerweile in Griechenland lebend, festhielt. Einem seiner Schüler gab er dieses Tagebuch, um es ins griechische zu übersetzen. Dies geschah auch, aber das deutsche Original wurde von der Regierung beschlagnahmt. Die Übersetzung gab dieser Schüler an weitere Personen

aus seinem Bekanntenkreis, darunter
auch Freimaurer, weiter. Das Buch erschien sowohl
auf griechisch, als auch in einer späteren gekürzten
Neuübersetzung des Freimaurers Achilleas Sirigos,
die zunächst auf englisch erschienen ist. Eine Rückübersetzung in das deutsche ist mittlerweile auch er-
folgt. Allerdings in gegenüber dem griechischen „Original" deutlich reduzierten Seitenumfang.

Als Paul Dienach im Jahr 3906 als Andrew Northam
erwachte, erkannte man, dass er das Oper eines
höchst seltenen Phänomens war, dem sogenannten
"Bewusstseinsgleiten". Man erkannte, dass er aus der
Vergangenheit kam, brachte ihn zu den Ältesten und
erklärte ihm die wichtigsten Aspekte der Zukunft und
der zukünftigen Geschichte. Nur durfte er nichts über
das 20. Jahrhundert und nur Bruchstückte des 21.
Jahrhunderts erfahren, aus Angst, er könne sonst die
Zukunft ändern. Das zu wissen, ist sehr wichtig, denn
wer sich hier etwa Aufschlüsse über unere unmittelbare Gegenwart erhofft, wird bitter enttäuscht. Das ein-
zige, was Paul Dienach über die unmittelbare Gegenwart im 21. Jahrhundert sagt, ist sowieso allen bekannt. Vieles, was mitgeteilt wird, sind die drei großen
Probleme der Gegenwart: die fortschreitende Überbe-
völkerung, der fortgesetzte Klimawandel und die fortgesetzte Umweltzerstörung. All das führt zu regiona-
len Konfliken, zu Hunger und zu zu immer mehr Krie-
gen. Über die eigentliche apokalyptische Zeit in der
Gegenwart findet sich in den Aufzeichnungen leider
wenig bis nichts.

Das Jahr 3906 liegt innerhalb der sechsten nachatlan-
tischen Kulturepoche, dem Zeitalter der Bruder- bzw.
Geschwisterliebe und nach der Apokalypse des Jo-

hannes auch benannt als die Kulturepoche von Philadelphia.

„7 Schreibe an den Engel der Gemeinde in Philadelphia: Der, der heilig ist, dessen Wort wahr ist und der den Schlüssel Davids hat – wenn er aufschließt, kann niemand zuschließen, und wenn er zuschließt, kann niemand aufschließen –, der lässt ´der Gemeinde` sagen: 8 Ich weiß, wie du lebst und was du tust: Du hast nur wenig Kraft, aber du hast dich nach meinem Wort gerichtet und dich unerschrocken zu meinem Namen bekannt. Darum habe ich eine Tür vor dir geöffnet, die niemand zuschließen kann. 9 Ich werde sogar dafür sorgen, dass Leute aus der Synagoge des Satans zu dir kommen und sich vor dir niederwerfen – Leute, die lügen, indem sie sich Juden nennen, obwohl sie gar keine ´wahren` Juden sind. Sie sollen erkennen, wie sehr ich dich liebe. 10 Weil du dich an meine Aufforderung gehalten hast, standhaft zu bleiben, werde auch ich zu dir halten und dich bewahren, wenn die große Versuchung über die Welt hereinbricht, jene Zeit, in der die ganze Menschheit den Mächten der Verführung ausgesetzt sein wird. 11 Ich komme bald. Halte fest, was du hast! Lass dich von niemand um deinen Siegeskranz bringen! 12 Den, der siegreich aus dem Kampf hervorgeht, werde ich zu einem Pfeiler im Tempel meines Gottes machen, und er wird seinen Platz für immer behalten. Und auf seine Stirn werde ich den Namen meines Gottes schreiben und den Namen der Stadt meines Gottes, des neuen Jerusalems, das von ihm aus dem Himmel herabkommen wird, und meinen eigenen neuen Namen. 13 Wer bereit ist zu hören, achte auf das, was der Geist den Gemeinden sagt!"

– : 3,7-13 LUT

Rudolf Steiner bemerkt dazu:

„Nach und nach wird nun in den Kulturepochen unserer Erdenentwickelung das ausgebildet, daß sich Manas hineinschiebt in den Astralleib. Die Bewußtseinsseele muß, nachdem sie vorbereitet worden ist im letzten Drittel der atlantischen Zeit, in den nächsten Kulturepochen wieder umgebildet werden durch das Jahve-Christus-Prinzip.

In der altindischen Zeit wird der Ätherleib durchzogen von dem nun in den Menschen eingezogenen Ich, in der persischen wird der Astralleib vom Ich durchzogen, in der ägyptischen die Empfindungsseele, in der griechisch-lateinischen die Verstandesseele, in unserer Kultur die Bewußtseinsseele, in der Zeit «Philadelphia» das Geistselbst oder Manas. Dann werden die Menschen, die sich durch die theosophisch-spirituellen Lehren fähig gemacht haben, den Christus zu erkennen, imstande sein, ihn in einer neuen Daseinsform, in seinem feinen Ätherleibe zu sehen, denn er wird wiederkommen. Durch Weisheit, durch Theosophie wird das Ich so erzogen, daß es Manas oder Geistselbst empfängt und den Christus wiederzuerkennen imstande sein wird." (Rudolf Steiner: GA 104a, S. 125f)

Die Gemeinde von Philadelphia repräsentiert nach Rudolf Steiner die zukünftige Slawische Kulturepoche, die unserem gegenwärtigen Bewusstseinsseelenzeitalter als sechster Kulturzeitraum folgen wird. Sie ist der weiteren Entwicklung des Geistselbst (Manas) gewidmet. Wer dieses genügend entwickelt hat, empfängt den Schlüssel Davids, mit dem er das Tor zur geistigen Welt öffnen, aber auch verschließen kann.

„Und wenn wir diesen Weg gehen, bringen wir in den sechsten Zeitraum hinein das richtige spirituelle Leben der Weisheit und der Liebe. Dann wird das, was wir uns erarbeiten als anthroposophische Weisheit, zum Liebesimpuls des sechsten Zeitraumes, der repräsentiert wird durch die Gemeinde, die schon in ihrem Namen sich als Repräsentant des sechsten Zeitraumes ausdrückt: die Gemeinde der Bruderliebe, Philadelphia. Alle diese Namen sind nicht umsonst gewählt. Der Mensch wird sein Ich entwickeln zur richtigen Höhe, so daß er selbständig wird und in Freiheit die Liebe jedem anderen Wesen entgegenbringt im sechsten Zeitraum, der repräsentiert ist durch die Gemeinde Philadelphia. Das soll als spirituelles Leben des sechsten Zeitraumes vorbereitet werden. Da werden wir das individuelle Ich in höherem Grade in uns gefunden haben, so daß keine äußere Kraft mehr in uns hineinspielen kann, wenn wir es nicht wollen; so daß wir zuschließen können und niemand ohne unseren Willen aufschließt, und wenn wir aufschließen, keine entgegengesetzte Macht zuschließt. Das ist der «Schlüssel Davids». Deshalb spricht derjenige, der den Brief inspiriert, daß er den Schlüssel Davids hat. «Und dem Engel der Gemeinde zu Philadelphia schreibe: Das sagt der Heilige, der Wahr-

haftige, der da hat den Schlüssel Davids, der auftut
und niemand schließt zu, der zuschließet und niemand tut auf» — «Siehe, ich habe vor dir gegeben
eine offene Tür, und niemand kann sie zuschließen» — das Ich, das in sich selbst sich gefunden
hat (Offenbarung Johannis 3,7 LUT)." (Rudolf Steiner: GA 104, S. 85)

In dieser Zeit wird auch das Abbild
des Ichs des Jesus von Nazareth vermehrt in die
Seelen der strebenden Menschen einziehen. Heute
wird das schon durch die anthroposophisch-
rosenkreuzerische Geistesströmung vorbereitet:

„So ziehen wir durch diese theosophisch-
rosenkreuzerische Geistesströmung das wieder an
uns heran, was vorhanden ist von den Kopien des
Ichs des Jesus von Nazareth. So werden diejeni-
gen, die sich dazu vorbereiten, hineinziehen in ihre
Seelen das Abbild des Ichs des Jesus von Nazareth. Dadurch, daß sein Inneres wie ein Siegelab-
druck ist von dem Ich des Jesus, dadurch wird ein
solcher Mensch das Christus-Prinzip in seine Seele
aufnehmen. - So bereitet das Rosenkreuzertum
etwas Positives vor. Theosophie soll Leben werden
und die Seele, die sie wirklich in sich aufnimmt,
verwandelt sich nach und nach. Theosophie in sich
aufnehmen, das heißt, die Seele so verwandeln,
daß sie zu dem Christus-Verständnis kommen
kann. Der Theosoph macht sich zu einem lebendi-
gen Empfänger dessen, was in der Jahve-Christus-
Offenbarung dem Moses, dem Paulus gegeben
wird. So heißt es im fünften Brief der Apokalypse,
wie die Menschen der fünften Kulturepoche dieje-
nigen seien, die wirklich in sich aufnehmen, was

15

dann für die Kulturperiode der Gemeinde von Philadelphia etwas Selbstverständliches sein wird. Die Weisheit der fünften Kulturperiode wird als Liebesblume aufgehen in der sechsten Kulturperiode."
(Rudolf Steiner: GA 104a, S. 104f)

Die Aufzeichnungen von Paul Amadeus Dienach wurden – nach seiner vorübergehenden Genesung in Griechenland - in Tagebuchform erstellt.

(2001)

Das Tagebuch gab Paul Amadeus Dienach an einen seiner Schüler weiter, mit der Bitte dieses vom deutschen ins griechische zu übersetzen. Dieser Schüler war Georgios Papachatzis, ein Freimaurer und Rechtsgelehrter, dessen Deutschlehrer Paul Amadeus Dienach von 1922 – 1924 war.

Paul Amadeus Dienach verstarb 1924 während seiner Rückreise in die Schweiz.

Das Buch erlebte drei Auflagen (1972, 1979, 2001) von je 1000 Exemplaren. Die letzte Auflage in griechisch fand im Jahre 2001 statt. Das Buch fand nur in sehr bescheidenen Kreisen Widerhall. Die Leser waren überwiegend Freimaurer und Theosophen. Einige wenige hüteten das Werk, wie einen kostbaren Schatz.

Ein Zufall spielte dieses Werk in seiner 2001 erfolgten Auflage in die Hände von mehreren Gelehrten. Einer davon war Athanasios Komianos. Er hielt mehrere Vorträge über dieses Buch.[2] Dadurch wurde auch Achilleas

---

[2]

https://www.youtube.com/watch?v=HP9CLEOnBb8&list=PLG2iCS Jje3nfKXiou-add4y167IMwrmjJ&index=5 Athanasios Komianos Memories from the future: The Valley of Roses (A.R.E.)] Youtube

Sirigos auf dieses Buch aufmerksam. Er veranlasste mehrere weitere Übersetzungen dieses Werkes, wobei der ursprüngliche Umfang sehr reduziert wurde. Eine dieser Übersetzungen erfolgte als Rückübersetzung, ins deutsche.[3]

Ist das Dokument wahr oder eine Fälschung?

Konnte ein 1924 lebender Mensch zu seiner Lebenszeit ernsthaft Auskunft über so weitabliegende Dinge, wie einen Atomkrieg oder über das Internet geben?

Ich denke kaum.

Auch eine Weltregierung ohne Politiker, liegt heute noch in weiter Ferne.

Und elektromagnetisch gelenkte Flugobjekte gab es zu seiner Lebenszeit wohl noch nicht.

---

[3] Achilleas Sirigos (Hrsg.), Paul Amadeus Dienach: Chroniken aus der Zukunft. Die einzigartige Geschichte von Paul Amadeus Dienach, This Way Out Productions 2021 (deutsch, nur bei amazon erhältlich)

Andererseits stellt sich die Frage, ob es 1921 bereits möglich war, einen Komapatienten über die Dauer eines Jahres medizinisch zu versorgen?

Eine Antwort darauf, könnte ein Werk von Oliver Sacks enthalten.[4] Lexikalische Angaben erlauben derzeit hier keine weiteren Rückschlüsse.[5]
Da das ursprüngliche Manuskript (auf deutsch) in den griechischen Kriegswirren des 2. Weltkrieges abhanden kam, sind auch keine weiter zurückreichenden Untersuchungen der ursprünglichen Quelle mehr möglich.

Wie auch immer die Antwort letztendlich ausfallen mag, ein Mysterium ist dieses Buchdokument, auf jeden Fall.

---

[4] Oliver Sacks: Awakenings. Vintage Books, New York 1999, ISBN 0-375-70405-1 (englisch).
[5] https://medlexi.de/Europ%C3%A4ische_Schlafkrankheit

CHRONIKEN
AUS DER
ZUKUNFT
DIE EINZIGARTIGE GESCHICHTE VON
PAUL AMADEUS DIENACH
Auf seinen Tagebuchseiten basiert
Herausgegeben von Achilleas Sirigos

Autobiographische Notiz:

Michael Heinen-Anders wurde am 25.02.1960 in Köln geboren. Er studierte an der Bergischen Universität Wuppertal Wirtschafts- und Sozialwissenschaften.
1989 schloss er das Studium als Diplom-Ökonom ab. Michael Heinen-Anders trat 1994 der Anthroposophischen Gesellschaft, Zweig Köln, bei. Seit 2012 ist er gleichfalls Mitglied der Freien Hochschule für Geisteswissenschaft.
Er veröffentlichte zahlreiche literarische, essayistische und wissenschaftliche Schriften, darunter „Aus anthroposophischen Zusammenhängen", BoD, Norderstedt 2010 und „Aus anthroposophischen Zusammenhängen Band II", BoD, Norderstedt 2018.
Michael Heinen-Anders lebt in Köln, ist geschieden und hat zwei erwachsene Töchter.